BEI GRIN MACHT SICH IHR WISSEN BEZAHLT

- Wir veröffentlichen Ihre Hausarbeit,
  Bachelor- und Masterarbeit

- Ihr eigenes eBook und Buch -
  weltweit in allen wichtigen Shops

- Verdienen Sie an jedem Verkauf

**Jetzt bei www.GRIN.com hochladen
und kostenlos publizieren**

Aspekte der Medienproduktion und -nutzung

J. Lückert

Bibliografische Information der Deutschen Nationalbibliothek:

Die Deutsche Nationalbibliothek verzeichnet diese Publikation in der Deutschen Nationalbibliografie; detaillierte bibliografische Daten sind im Internet über http://dnb.d-nb.de abrufbar.

ISBN: 9783346901781
Dieses Buch ist auch als E-Book erhältlich.

© GRIN Publishing GmbH
Trappentreustraße 1
80339 München

Druck und Bindung: Books on Demand GmbH, Norderstedt Germany
Gedruckt auf säurefreiem Papier aus verantwortungsvollen Quellen

Das Buch bei GRIN: https://www.grin.com/document/1347937

Medienproduktion - Alternative A: Die Entwicklung vom Journalisten zum Medienprofi

Studiengang: Medien- & Kommunikationsmanagement
Modul: Medienproduktion

2

Inhaltsverzeichnis

Abbildungsverzeichnis

A1

Die Herstellung verschiedener Medieninhalte wird im weitesten Sinn mit dem Begriff Medienproduktion zusammengefasst. Medieninhalte werden in der Regel von öffentlich-rechtlichen und privaten Medienorganisation, im TV- und Filmproduktionsfirmen, Verlagshäusern und Werbeagenturen, sowie in politischen und gesellschaftlichen Organisation produziert.[1] Bei der Entwicklung von Medienproduktionen entsteht ein Beziehungssystem aus den Komponenten Inhalt, Technik und Organisation. Alle drei Komponenten stehen in einer Wechselwirkung zueinander und bedingen sich gegenseitig in ihrer Ausprägung. Medieninhalte geben immer eine Geschichte wieder die durch Zusammenhänge, den Menschen dabei helfen soll, sich in der Welt zurechtzufinden. In der heutigen Zeit stehen der Gesellschaft viele Probleme, wie zum Beispiel Migration, Klimawandel oder Terroranschläge gegenüber. Die einzige Gemeinsamkeit, die sich in diesen Herausforderungen finden lässt, ist ihre Komplexität. Diese Themen sind schwer zu fassen, geschweige denn zu lösen.[2] Erzählungen können daher dazu führen, Entwicklungen greifbar und verständlich zu machen.[3] Um Ereignisse öffentlich bekannt zu machen und Neuigkeiten zu verbreiten, können verschiedene Medien genutzt werden, wie zum Beispiel die Zeitung, das Radio, TV oder Web. Printmedien sind auf Papier gedruckte Informationen aus allen erdenklichen Themenfeldern. Sie dienen der Verbreitung von Text und Bildmaterial. Zu den klassischen gedruckten Erzeugnissen zählen unter anderem: Die Zeitungen und Zeitschriften, Bücher, Plakate, Poster, Kataloge, Kalender, etc.[4] Sie dienen vor allem der Informationsbeschaffung, Bildung und der Unterhaltung. Die Printwerbung ist eine der ältesten Werbeformen überhaupt und lässt sich zurückführen bis in die vorchristliche Zeit.[5] Seitdem haben sie sich über die Jahrhunderte hinweg weiterentwickelt und sich ihren Platz in der Gesellschaft geschaffen. Dieser Platz ist, wenn man sich die Entwicklung der letzten Jahre näher betrachtet, jedoch ins Schwanken gekommen und wird durch andere Medieninhalte überholt. Im Zeitalter des Internets wird die Gesellschaft immer moderner. Wie sich diese Entwicklung auch auf die Berufsfelder verteilt, wird in den nächsten Seiten näher erläutert.

---

[1] Vgl. Wyngaarden (2018), S.12
[2] Vgl. Wyngaarden (2018), S.12
[3] Vgl. Hoffmann-Walbeck (2013), S.2
[4] Vgl. Kühner/Sturm (2001), S.193
[5] Vgl. Hermanni (2016), S.51

[Hinweis der Redaktion: Diese Abbildung musste aus urheberrechtlichen Gründen entfernt werden.]

Abbildung 1: Entwicklung der Mediennutzung 2000 vs. 2015
Quelle: ARD/ZDF

Wie man auf dem Diagramm der Langzeitstudie zur Entwicklung der Mediennutzung von ARD und ZDF aus dem Jahr 2015 erkennen kann, war die Zeitung im Jahr 2000 noch das 3. beliebteste Medium. Im Jahr 2015 hat das Internet die Zeitung rapide überholt. Durch den schnellen Wachstum der Beliebtheit des Internet kann man die zukünftige Tendenz erkennen und feststellen, dass die Popularität in den kommenden Jahren stetig steigen wird. Es ist schnell zu erkennen, dass die Internetnutzung zunimmt. Genauso ist zu sehen, dass die Nutzung der Tageszeitungen und Bücher abfällt. Die Zeitung hat zwar ein gutes Image, jedoch geht die Reichweite immer mehr zurück. 2005 waren es noch 51% der Menschen, die täglich die Zeitung gelesen haben.[6] 2010 waren es nur noch 44%. Auch die Zeit, die man mit dem Zeitunglesen verbringt, wird geringer. Im Jahr 1980 waren es noch 38 Minuten täglich, 2010 waren es nur noch 23 Minuten am Tag[7]. Besonders die jüngere Generation wendet sich ab, der Hauptgrund hierfür ist das Internet.

---

[6] Vgl. Hermanni (2019), S.137
[7] Vgl. Hermanni (2019), S.139

[Hinweis der Redaktion: Diese Abbildung musste aus urheberrechtlichen Gründen entfernt werden.]

Abbildung 2: Tägliche Nutzung der Medien

Quelle: ARD/ZDF

* Die Angaben im Text beziehen sich nicht konkret auf das dargestellte Diagramm, sollen aber den sinnbildlichen Abfall der Printmedien zeigen.

Die Folgen für die Printmedienbranche sind massive Umsatzrückgänge, bedingt durch strukturelle Änderung der Branchen, so wie verringerten Einnahmen durch die Sparmaßnahmen der Unternehmen.[8] Infolge stark sinkender Anzeigenerlöse und damit einhergehender Gewinneinbußen sahen sich die Zeitungsverlage zu teilweise rigiden Sparmaßnahmen gezwungen, die unter anderem auch zu drastischen Personalreduktionen führten.[9] Auch die Werbeeinnahmen verringern sich drastisch, da durch die junge Leserschaft eine ganze Zielgruppe verloren geht. Außer durch den konjunkturellen Abschwung und die schwindenden Leserschaft bedingt, werden die Gründe für den Rückgang aber vor allem in vermehrten Auftreten der Onlinemedien, dem wohl größten Konkurrenten der Printmedien, gesucht.[10]

---

[8] Vgl. Andreson (2009), S.1
[9] Vgl. Meyer (2005), S.1
[10] Vgl. Eberspächer (2002), S.7

Die Menschen suchen eine Plattform passend zur Gefühlslage und entdecken durch das Internet völlig neue Arten, um mit Medien umzugehen. Das Internet ist immer verfügbar und bietet eine Vielzahl von Unterhaltungsmöglichkeiten.[11] Google und Facebook wirken für viele Werbeträger daher attraktiver. Um einen weiteren Abfall der Leserzahlen zu verhindern, wird es zukünftig einige Trends und Empfehlungen für Printmedien geben. Die wohl wichtigste stattfindende Veränderung, die man schon in den letzten Jahren verfolgen konnte, ist das Printmedien immer stärker mit Onlinemedien verzahnt werden. Die parallele Nutzung unterschiedlicher Kanäle im Informations- und Kaufverhalten wird zukünftig weiter zunehmen.[12] So werden auch die Onlinemedien zukünftig nicht auf Print verzichten können, umgekehrt Print aber auch nicht auf die Onlineplattformen. Da die Zukunft des Internets als Plattform für Online-Zeitungen unbestritten ist, ist es für die Verlage von Bedeutung, das Image ihrer journalistischen Marke kontinuierlich zu verbessern und verschiedene Medien im Sinne der so genannten Dachmarkenstrategie auf verschiedenen Vertriebskanälen wie Print und Online erfolgreich zu positionieren[13]. „One brand – all media" lautet ein bekanntes Zitat, dass auf eine möglichst enge Verzahnung zwischen Print- und Online-Redaktion setzt.[14] Durch diesen Zusammenschluss sollen negative Seiten der Printmedien aufgehoben werden. Ein großer Mangel an Zeitungen und Zeitschriften ist deren fehlende Aktualität. Die gerade stattfindende Brandkatastrophe in Australien bietet ein gutes Beispiel. Die meisten Menschen versuchen so schnell wie möglich Informationen über die jetzige Lage zu bekommen. Dazu werden TV Berichte oder Onlineportale genutzt. Zeitungsartikel erscheinen nicht schnell genug. Das Thema Print hat wegen mangelnder Aktualität in diesem Kontext eine neue Funktion bekommen, die sich in den kommenden Jahren noch mehr verschieben wird.[15]

---

[11] Vgl. Rautenberg (2015), S.69
[12] Vgl. Rautenberg (2015), S.93
[13] Vgl. Meyer (2005), S.2
[14] Vgl. Meyer (2005), S.2
[15] Vgl. Eberspächer (2002), S.7

Die Integration von verschiedenen medialen Inhalten, die in ein Endprodukt resultieren, stellt besonders Zeitungs- und Zeitschriftverlage als Untergruppe klassischer Medienunternehmen vor besondere Herausforderungen. Unternehmen sind mittlerweile gezwungen in ihrer Kommunikation mit ihren Lesern und Kunden, Instrumente zu nutzen über die sich die Brücke von Print zu Online reibungslos schlagen lässt. QR-Codes, Produktkennziffern, Produktvideos und Landing Pages schaffen eine neue Erlebnisplattform[16]. Die immer stärkere Überschneidung der Onlinemedien mit den Printmedien und die dadurch neu zu erlernenden Fähigkeiten stellen nicht nur eine Herausforderung an die Unternehmen, sondern auch an deren Arbeitnehmer und Mitarbeiter[17]. Im Marketingbereich werden immer häufiger Mitarbeiterstellen ausgeschrieben als im reinen Printbereich. Es reicht heutzutage nicht mehr aus nur in schriftlicher Form über bestimmte Ereignisse in der Welt zu berichten. Es ist von Vorteil, wenn nicht sogar notwendig, crossmedial zu arbeiten. Mit dem Begriff „crossmedial" ist die Verbreitung von Informationen über unterschiedliche Kanäle, die inhaltlich, gestalterisch und redaktionell miteinander verknüpft sind, gemeint.[18] In Deutschland gibt es heutzutage kaum noch Presseerzeugnisse, die nicht im Internet vertreten sind. Verlagshäuser wachsen zu diversen Medienhäusern heran, Printmarken produzieren eigene Fernsehformate oder interagieren den Mobilfunk in ihr Gesamtangebot.[19] Kunden und Zuschauer fassen Neuigkeiten am besten auf, wenn diese durch mehrere mediale Inhalte wiedergegeben werden. Der journalistische Text sollte am besten durch Bildaufnahmen oder Videoclips unterstützt werden. Ein Journalist ist in der heutigen Zeit gleichzeitig auch Fotograph, Videograph, Programmierer, Web Designer, Manager und vieles weiteres. Crossmedial zu arbeiten bedeutet nicht nur bei einem journalistischen Beitrag mehreren Medien zu verwenden, sondern als Printverlag generell verschiedene mediale Plattformen zu nutzen.

---

[16] Vgl. Volontariat (o.J.).
[17] Vgl. Rautenberg (2015), S.119
[18] Vgl. SEO-Analyse (o.J.)
[19] Vgl. Hans/Keuper (2003), S.37

Beispiel: Die „Bild"

Die Zeitung „Bild" sollte nicht nur als wöchentliche Tageszeitung agieren, sondern sich auch auf anderen Plattformen präsentieren. Dies ist in der heutigen Zeit sehr leicht über die sozialen Medien möglich. Die Bildzeitung kann man auch auf den sozialen Netzwerken, wie Facebook und Instagram wiederfinden. Dort geben sie stündlich oder gar minütlich Updates und Informationen zu verschiedenen Geschehnissen in den Bereichen Gesellschaft, Politik, Wirtschaft und Sport. Bei der Bild handelt es sich um die auflagenstärkste Tageszeitung in Deutschland, die seit dem 24. Juni 1952 in Europa erscheint.[20] Die Zeitung erscheint Montag bis Samstag in einer Bundesausgabe. Sonntags erscheint das Schwesternblatt „Bild am Sonntag".[21] Die Bild hat sich in den letzten Jahren weiterentwickelt und ist auf den sozialen Medien immer präsenter. Auf Instagram hat die offizielle Seite der Bild Zeitung über 400.000 Abonnenten und veröffentlicht dort im Stundentakt neue Informationen in unterschiedlichen gesellschaftlichen Bereichen. Da Zeitungen höchstens einmal am Tag erscheinen, spielt die Internetpräsenz einen großen Vorteil für Printunternehmen ein. Die Welt verändert sich fast minütlich. Diese Veränderungen und Geschehnisse müssen protokolliert und veröffentlicht werden. Das Internet ist schnelllebiger und gibt Tageszeitung die Möglichkeit ihre Kunden schnell und einfach zu erreichen. Seit 2018 gibt es auch das kostenpflichtige Digitalangebot „Bild plus", welches durchaus erfolgreich ist.[22] Seit 2018 nutzten es knapp 420.000 Leser. Der Printbereich stirbt nicht aus, er entwickelt sich nur weiter und baut sich aus. Trotzdem ist der Beruf der Journalisten auch heutzutage noch stark gefragt, dieser muss mittlerweile aber andere Aufgaben und Fähigkeiten beherrschen, als wie es noch vor 20 Jahren der Fall war. Das ist nicht immer ein Nachteil. Die Angebote sind nur spezialisierter, technischer und betriebswirtschaftlicher geworden und für den Journalisten eventuell sogar spannender und erkenntnisreicher. Die Auffassung über die journalistische Veränderung im Printbereich ist Generationsabhängig. Junge Journalisten können sich sehr gut an alle Veränderung adaptieren und lernen schnell dazu. Die ältere Generation kann sich neuen Entwicklungen nur schwer anpassen und hat in diesem Berufsfeld immer mehr zu kämpfen.

---

[20] Vgl. IVW (2019)
[21] Vgl. BILD (2019)
[22] Vgl. WUV (2018)

A2

Um die immer stärker werdende crossmediale Entwicklung aufzuzeigen und zu verdeutlichen, wie viele Aufgaben ein Online Redakteur zu bewältigen hat, habe ich hier zwei Stellenangebote aus dem Internet rausgesucht. Diese stammen aus dem Jahr 2020 und sind auch noch online auf der StepStone Seite zu finden.

Online Redakteur für den deutschen Alpenverein

[Hinweis der Redaktion: Diese Abbildung musste aus urheberrechtlichen Gründen entfernt werden.]

Abbildung 3: Aufgaben im Stellenangebot für Online Redakteur
Quelle: StepStone

Online Redakteur für Dr. Kade Pharmazeutische Fabrik

[Hinweis der Redaktion: Diese Abbildung musste aus urheberrechtlichen Gründen entfernt werden.]

Abbildung 4: Aufgaben im Stellenangebot für Online Redakteur
Quelle: StepStone

Journalisten tragen zur öffentlichen Meinungsbildung bei. Mit dem gesellschaftlichen Wandel entstehen immer neuere Formen des Journalismus. Früher gab es zwei Hauptarten von Journalisten: Print- und Videojournalisten, diese hatten klar definierte Aufgaben. Bevor ein Journalist seinen endgültigen redaktionellen Bestimmungsort erreichte, musste er eine schwerwiegende Entscheidung treffen[23]. In welcher Redaktion will er später arbeiten? Radio? Zeitung? Fernsehen? Diese Weichenstellung gab sein ganzes Berufsleben vor. Journalisten definierten sich früher über ein Präfix.[24] Heute hat dieser Beruf mehrere Funktionen, wie unter anderem das zusätzliche Managen von den Social-Media-Kanälen oder das Erstellen von Grafikarbeiten. Durch das Medium „Online" kam ein weiterer Präfix hinzu. Zusätzlich ändert sich gerade das komplette Berufsverständnis[25]. Wie man in den oben aufgelisteten Stellenangeboten lesen kann, hat ein Online Redakteur eine Vielzahl von Aufgaben. Die meisten Journalisten müssen heutzutage crossmedial arbeiten, das heißt sie haben ein Schwerpunktmedium und arbeiten mit mindestens einem weiteren Medium zusammen. Mit Medienformen sind nicht die Darstellungsformen gemeint, sondern die Ausspielkanäle[26]. Zeitungsjournalisten schreiben in der Regel zusätzliche Kurzfassungen ihrer Printbeiträge nochmal für das Internet. Oder ein Online Journalist, der sich überwiegend um die Online Präsenz eines Radiosenders kümmert, produziert gleichzeitig Kurzmeldungen für das Mobiltelefon[27]. Verschiedene Plattformen müssen in die Arbeitsabläufe integriert werden und Journalisten müssen nicht mehr Inhalte für ein Medium produzieren, sondern für mehrere. Dadurch werden unterschiedliche Mediengattung verknüpft und verschiedene Darstellungsmöglichkeiten genutzt, um ein möglichst breitgefächertes Publikum zu erreichen. Es gibt zwei Gründe für diese digitale Entwicklung: Der erste Grund ist, dass es ein Überangebot an Medien gibt. Konsumenten können sich aus einer Vielzahl an Angeboten, dass für sie passende Medium aussuchen. Für Reporter bedeutet dies ein Konkurrenzkampf um eine wichtige Währung: Aufmerksamkeit.[28]

---

[23] Vgl. Jakubetz (2011), S.12
[24] Vgl. Jakubetz (2011), S.13
[25] Vgl. Hans/Keuper (2003); S.7
[26] Vgl. MediumMagazin (2011)
[27] Vgl. Jakubetz (2011), S.13
[28] Vgl. Jakubetz (2011), S.13

Der zweite Grund: Die Digitalisierung macht Medien immer mobiler. Konsumenten sind an kein bestimmtes Trägermedium gebunden[29]. Texte, Bilder oder Videos sind mittlerweile auf allen Endgeräten konsumierbar. Diese journalistische Entwicklung hat besonders Vorteile für die Konsumenten und die Redaktion selbst. Konsumenten befinden sich in keiner Form der Abhängigkeit zum Angebot mehr.[30] Wenn sie sich über bestimmte Sachverhalte informieren wollen, müssen sie nicht mehr auf die Abendnachrichten warten. Redaktionen können dadurch ein wesentlich breiteres Nutzerspektrum erreichen als auf dem konventionellen Weg[31]. Die ältere Generation wird daher eher weiterhin zur gedruckten Printversion greifen und diese Lektüre am morgendlichen Kaffeetisch lesen. Der junge Mediennutzer verzichtet eher auf die Printausgabe und liest auf dem Weg zur Arbeit in der Bahn alle Neuigkeiten schnell im Internet durch. Gleichzeitig werden auf diese Art und Weise aber auch unterschiedliche Zielgruppen angesprochen.[32] Zusätzlich lässt sich die Entwicklung damit begründen, das Verleger Geld und Arbeitsplätze sparen wollen. Wie man in den oben aufgelisteten Stellenangeboten sehen kann, übernimmt eine Person die Arbeit aus fünf Arbeitsbereichen. Warum sollte ein Unternehmen fünf Mitarbeiter einstellen, wenn ein gut gelernter Journalist ausreicht? Dieser muss nur ein klar definiertes betriebswirtschaftliches Ziel verfolgen, welches meistens Umsatzgenerierung oder Gewinnmaximierung heißt, sowie technisches Verständnis haben. Wenn man die Entwicklung jedoch kritisch betrachtet, ist zu erwähnen, dass eine Überbelastung der Mitarbeiter nicht die Schuld der Digitalisierung ist. Wenn Unternehmen ihr Geld an den falschen Stellen einsparen wollen und so einen Journalisten mit Aufgaben überfordern, wird dieser seine Arbeit schlecht erledigen. Die crossmediale Entwicklung steht für das stärkere Zusammenarbeiten von Redakteuren aus verschiedenen medialen Bereichen, um Kunden durch unterschiedliche Medienkanäle zu erreichen.[33] Die Tendenz die diversen Aufgaben auf weniger Leute zu verteilen, führt zu ungenauer Arbeit und Überbelastung.[34] Da Kunden dadurch nur halbfertige Medienprodukte erhalten, die keineswegs perfekt sind.

---

[29] Vgl. Marketing Institut (2018)
[30] Vgl. Jakubetz (2011), S.13
[31] Vgl. Medium Magazin (2011)
[32] Vgl. Marketinginstitut (2018)
[33] Vgl. Köhler/Otto (2018), S.19
[34] Vgl. Köhler/Otto (2018), S.21

Hier ist aber die Schuld bei den Unternehmen selbst zu suchen. Generell zu er-
wähnen ist, dass die Beliebtheit von Multimedia Redakteuren steigt. Jüngere
Journalisten, die erst in den letzten Jahren in die Berufswelt gekommen sind,
können sich leicht an diese Evolution gewöhnen. Sie sind mit den neuen Medium
„Internet" aufgewachsen und daher schon daran gewöhnt auf verschiedenen
Plattformen zu agieren. Dies trifft auf ältere Berichterstatter eher seltener zu. Besonders schon geübte Publizisten haben nur Erfahrung mit den herkömmlichen
Medien gemacht und sehen sich daher bei der crossmedialen Arbeit mit Stilmitteln und Tools konfrontiert, die ihnen fremd sind. Die ältere Generation ist mit
Begriffen wie QR Codes oder SEO-Texten überfordert und muss sich erst mit
vielen Stilmitteln auseinandersetzen und sich diese aneignen. Der Umgang mit
sämtlichen Medien lässt sich zwar erlernen, dennoch ist es normal, dass jeder
seine eigenen Talente und Vorlieben hat.[35] Journalisten müssen zwar keine Al-
leskönner sein, trotzdem ist es notwendig für sie über ein crossmediales Denken
zu verfügen. Dessen Kernaufgabe besteht darin, über die Plattform hinweg Kon-
zeptionen und neue Darstellungsformen zu kreieren. Heutige geforderte Kern-
kompetenzen umfassen hauptsächlich drei Ebenen:[36]

- Technische Ebene
  (Fähigkeit mehrere Kanäle zu bedienen, Redaktionssysteme beherr-
  schen, Kenntnisse über sämtliche Medien)
- Ebene der Vermittlung
  (Kompetenz in Präsentationstechniken, Verknüpfung von Medien zu
  neuen Darstellungsformen)
- Ebene des Redaktionsmanagements
  (Entwicklung von Crossmedia Konzepten, organisatorische Kompeten-
  zen, Zusammenarbeit mit Kollegen)

---

[35] Vgl. Rautenberg (2015), S.134
[36] Vgl. Volontariat (o.J.)

Wenn Redaktionen sich nicht den Anforderungen des Marktes und den Wünschen der Konsumenten anpassen wollen, werden sie in der heutigen Zeit als Printmedium nicht überleben. Wer in der digitalen Welt nicht vernünftig vertreten ist, läutet seinen eigenen Untergang ein. Diese gerade stattfindende Medienrevolution sollte als Chance wahrgenommen werden. Eine Chance, die Journalisten nicht oft in ihrem Berufsleben erhalten. Sie können jetzt ein vielfältiges und breit aufgestelltes Medium gestalten und somit neue Ideen entwickeln und Maßstäbe setzen.[37] Trotzdem sollten Unternehmen ihre Mitarbeiter nicht überfordern, sondern diese in ihrer kreativen Entfaltung unterstützen.

---

[37] Vgl. Jakubetz (2014), S.9

A3 a.)

[Hinweis der Redaktion: Diese Abbildung musste aus urheberrechtlichen Gründen entfernt werden.]

Abbildung 5: Die beliebtesten Magazine in DEU
Quelle: Google

Frauenzeitschriften zählen zu den noch leicht wachsenden Märkten im Publikumssegment, so der Geschäftsführer des wissenschaftlichen Instituts für Presseforschung und Medienberatung Andreas Vogel. Bei Frauenzeitschriften handelt es sich um Magazine, bei denen eine Ausrichtung des redaktionellen Angebots auf spezifisch weibliche Interessen erkennbar ist oder die einen Leseanteil von 60% weiblichen Lesern haben.[38] Diese Definition ist daher wichtig, da Verlage den Begriff sehr undifferenziert verwenden. Grund hierfür ist, dass sie versuchen möglichst viele Magazine als Frauenzeitschriften zu benennen, da Frauen konsumfreudiger sind als Männer[39]. Zeitschriften, wie Brigitte, In Touch und Closer werden immer beliebter und das Angebot wächst. 2005 gab es 31 Frauenzeitschriften auf dem deutschen Markt, inzwischen sind es knapp 50.[40] Neben der Anzahl steigt auch die Auflage: 2010 wurden 8,5 Millionen Exemplare monatlicher Frauenmagazine verkauft.[41] 2015 waren es gut 8,6 Millionen.[42] Dieser Wachstum scheint auf den ersten Blick nicht enorm, ist verglichen mit anderen Rubriken jedoch als durchaus positiv zu vermerken. Viele andere Genres generierten nicht nur keinen Wachstum, sondern mussten enorme Rückfälle betrachten.

---

[38] Vgl. Müller (2015), S.19
[39] Vgl. Müller (2015), S.19
[40] Vgl. Tagesspiegel (2016)
[41] Vgl. Tagesspiegel (2016)
[42] Vgl. Tagesspiegel (2016)

So auch alle Jugendzeitschriften: 2010 wurde noch knapp 2 Millionen Stück verkauft. 2015 waren es nicht mal mehr 700.000 Exemplare. Das ist ein Rückgang
von fast 40%. In der heutigen Zeit kein Einzelfall mehr. Verglichen damit sind
Frauenmagazine sehr erfolgreich, passen sich dem Zeitgeist an und entwickeln
sich weiter[43]. Damit treffen sie den Geschmack der Kunden. Die auflagestärkste
Zeitschrift ist mit 700.000 verkauften Exemplaren und rund 6 Millionen Lesern die
Zeitschrift „Bild der Frau".[44]

Frauenzeitschriften können sich so beliebt schätzen, da sie alle Themen die
Frauen interessieren abdecken. In den beliebtesten Frauenzeitschriften geht es
hauptsächlich um Themen wie Beauty, Mode, Trends, Rezepte und Hobbys.
Dazu gibt es Neuigkeiten der aktuell angesagten Prominenten. Obwohl einige
Kritiker sagen könnten, die Berichterstattung in Frauenzeitschriften wäre in den
60iger Jahren stecken geblieben, da Frauen sich für mehr interessieren und stark
machen als nur für Schönheit- und Modetipps[45], so scheint der Großteil sehr zu-
frieden mit den angebotenen Themen. Zeitschriften werden aus anderen Gründen gekauft als Bücher. Der Leser sucht nach kurzfristiger Unterhaltung, nach
Informationen zu speziellen Themen oder nach Kaufberatungen. Oftmals ist ein
kurzer Zeitvertreib gesucht, um im Urlaub ein wenig zu entspannen oder sich in
der Bahn nicht zu langweilen. Frauenmagazine sind ein Unterhaltungsmedium
und kein Spiegel der Gesellschaft.[46] Besonders Frauen kaufen mit einer Zeitschrift auch ein Gefühl. Das Gefühl nach Hilfe und Beratung. Schöner werden,
schlanker werden, gesünder und glücklicher - all diese Themen werden in Frau-
enmagazinen angesprochen. Trotzdem ist anzumerken, dass sich die Themen in
den letzten Jahren stark weiterentwickelt haben. Zeitschriften richten ihr Themen-
spektrum nach den Bedürfnissen und Wünschen ihrer Kunden. Demnach verändert sich das inhaltliche Angebot, wenn sich die gesellschaftliche Rolle der Frau
verändert. Heute gehen Frauen vielen anderen Interessen und Hobbys nach, so
wie es noch vor 30 Jahren gar nicht vorzustellen war. Diesem Wandel zu Freiheit
müssen auch erfolgreiche Zeitschriften mit ihren Themen folgen.

---

[43] Vgl. Bittermann Wille (2000), S.61
[44] Vgl. Statista (2018)
[45] Vgl. Müller (2015), S.29
[46] Vgl. Zeitjung (o.J.)

So ist auch anzumerken, dass Zeitschriften für ältere Zielgruppen, anspruchsvoller geschrieben sind. Desto besser ist auch der Journalismus – tiefgründiger, interessanter[47]. Durch den steigenden Erfolg von Frauen- und Lifestylezeitschriften, müssen diese immer mehr weiche und konsumnahe Themenbereiche bearbeiten und passend dafür Journalisten einstellen. Vor 325 Jahren erschien die erste Frauenzeitschrift, damals allerdings ausschließlich von Männern geschrieben. „Der Journalistenberuf ist weitgehend ein reiner Männerberuf"[48], ist im Nachschlagewerk Publizistik (1971) zu lesen. Im Jahr 1969 waren 85% der Redakteure Männer, 98% waren sogar Leiter einer journalistischen Stelle.[49] Heutzutage verfassen eher Frauen Artikel für ihr Geschlecht. Sie sind im Allgemeinen sensibler und einfühlsamer. Zusätzlich können sie besser verstehen, welche Trends gerade aktuell sind und womit sich Frauen beschäftigen, da sie sich eventuell gerade selbst damit befassen.

---

[47] Vgl. Deutschlandfunkkultur (2018)
[48] Publizistik (1971)
[49] Vgl. Publizistik (1971), S.65

A3 b.)

Fachzeitschriften befassen sich mit einem klar eingegrenzten Fachgebiet. Sie vermitteln Fachwissen und dienen der beruflichen und fachlichen Informations-gewinnung[50]. Die Zielgruppe unterscheidet sich durch die professionelle und fachliche Orientierung von Spezialzeitschriften. Spezialzeitschriften fassen immer ein bestimmtes Interessensgebiet auf. Sie bilden in Deutschland mit 23% der rund 22.000 erscheinenden Titel eine der bedeutendste Gruppe der Zeitschriften[51]. Spezialzeitschriften, auch Special Interest Zeitschriften genannt, befassen sich mit Themen wie etwa Lifestyle, Sport, Auto, Reisen, Technik und Kultur. Beispiele für Special Interest Zeitschriften sind unter anderem die Auto Motor und Sport, die Cinema oder auch die Connect. Im Gegensatz zu Spezialzeitschriften gibt es bei Fachmagazinen einen beruflichen Kontext. Zu den beliebtesten Fachzeitschriften gehören die Form+ Werkzeug, Automotive oder Kunststoffe International. Das Magazin wendet sich vor allem an berufsinteressierte Leser. Special Interest Zeitschriften fehlt diese fachliche Prägung. Trotz guter Chancen auf dem Markt wird diese Rubrik oft übersehen und ist in der Medienforschung ein weitgehend unbeachtetes Feld.[52] Die guten Verkaufszahlen werden in dieser eher kleineren Nische nicht so wahrgenommen, wie bei den größeren Händlern und Verlagen. Die meisten Special-Interest-Zeitschriften sind im Magazin-Stil aufgemacht, das heißt sie weisen eine anspruchsvolle Optik, gute Texte und eine hochwertige Druck- und Papierqualität auf. Der Einzelverkaufspreis von Special-Interest-Zeitschriften liegt in der Regel deutlich über dem Preis von General-Interest-Zeitschriften.[53] Jedes Jahr erscheinen auf dem Markt neue Titel, der Trend geht hierbei besonders zum Segment der Special Interest Zeitschriften. Der Leser soll möglichst bei seinen speziellen Interessen gepackt und mit entsprechenden Inhalten versorgt werden. Seit Jahren läuft das Wachstum des Markts nach folgenden Schema ab: Sobald ein Verlag eine neue Marktlücke mit lohnenden Leseinteressen entdeckt hat, stürzen sich andere Verlage darauf und versuchen diese Nische weiter zu segmentieren und möglichst für sich zu besetzen.[54]

---

[50] Vgl. Historicum Estudies (2015)
[51] Vgl. Merten (2005), S.315
[52] Vgl. Riedel (2012), S.5
[53] Vgl. Breyer Mayländer (2005), S.33
[54] Vgl. Medien Hamburg (2006)

Mit diesem Muster erlangen Spezialzeitschriften einen guten Stand: Fast ein je-
ner liest sie, das Angebot ist groß und auch die werbende Wirtschaft setzt auf
sie.[55] Ähnliches kann auch über Fachzeitschriften gesagt werden. Beide Genres
können gut auf dem Markt existieren und das wird sich auch in naheliegender
Zukunft nicht ändern. Wie bereits in Kapitel 1 und 2 gesagt, sollten auch diese
Zeitschriften auf ihre crossmediale Präsenz achten, falls sie neue Kunden generieren wollen. Special Interest Zeitschriften und Fachmagazine generieren den
Großteil ihrer Gewinne, also knapp 90%, jedoch durch Abonnements.[56] Berufe
im Allgemeinen werden nicht aussterben oder stark abnehmen, daher wird es
immer eine große Interessensgruppe für diese Genres geben. Da nicht nur Ein-
zelpersonen sich für diese Magazine interessieren, sondern im Regelfall ganze
Betriebe mehrere Zeitschriften für Mitarbeiter oder Kunden bestellen. Es gibt
auch hier Bereiche die beliebter sind, wie zum Beispiel das Deutsche Ärzteblatt
oder die Computerwoche. Verglichen dazu sind Zeitungen wie der Briefmarken
Spiegel eine Randgruppe. Doch auch für diese finden sich immer wieder neue
Leser, nur eben nicht in großen Massen. Die Entwicklung zu, in der Allgemeinheit
als eher „untypischen" oder gar „langweiligen" Themen, konnte man in den letzten Jahren an der TV-Serie Game of Thrones feststellen. Diese Serie spielt im
Mittelalter, für viele Menschen eine lange Zeit ein eher unscheinbares Thema,
welches nicht wirklich spannend sein kann. Die Serie behandelt eine Vielzahl von
Figuren und thematisiert unter anderem Politik, Gesellschaftsverhältnisse und
Religionen. Trotzdem, oder vielmehr genau deswegen, erhielt Game of Thrones
mehrere Preise und gilt bis heute als eine der beliebtesten Serien weltweit. Immer
mehr Menschen öffnen sich neuen Themen und finden an diesen Spaß, Freude
und erlangen so zu neuem Wissen. Special Interest Zeitungen können dieser
Entwicklung helfen.

---

[55] Vgl. Riedel (2012), S.5
[56] Vgl. Hans Bredow Institut (2006), S.396

Literaturverzeichnis

Anders, H., (2009). Konvergenz im Journalismus (1.Aufl.), VDM Verlag

Andresen, C.M., (2007). Die gesellschaftliche Bedeutung von Printmedien im Internetzeitalter (1.Aufl.), Grin Verlag

Bahlmann, A.R., (2002). Eine Branche im Wandel – Die Zukunft der Printmedien (1.Aufl.), Springer Verlag

Beck, H., (2005). Medienökonomie Print, Fernsehen und Multimedia (2.Aufl.), Springer Verlag

Bitterman Wille, C., (2000). Dokumente der Frauen (1.Aufl.), standart.at

Bolin, G. u. Driessens, O. u. Hepp, A., (2018). Dynamics of Mediatization (1. Aufl.), Palgrave

Bühler, P. u. Schlaich, P. u. Sinner, D., (2019). Crossmedia Publishing (1.Aufl.), Springer Verlag

Eberspächer, J., (2002). Die Zukunft der Printmedien (1.Aufl.), Springer Verlag

Hans, R. u. Keuper, F., (2003). Multimedia Management, Strategien und Konzepte für Zeitungs- und Zeitschriftenverlage im digitalen Informationszeitalter (1.Aufl.), Gabler Verlag

Hans-Bredow-Institut (2006). Medien von A bis Z (1.Aufl.), Hans-Bredow-Institut

Herkenrath, H., (2005). Handbuch Medienproduktion (1.Aufl.), VS Verlag für Sozialwissenschaften

Hermanni, A.J., (2016). Studienbrief „Medienproduktion" (2. Aufl.), Riedlingen

Hermanni, A.J., (2019). Studienbrief „Grundlagen der Medienwirtschaft" (1.Aufl.), Riedlingen

Hoffmann-Walbeck, T., (2013). Standards in der Medienproduktion (1.Aufl.), Springer Verlag

Jakubetz, C., (2011). Crossmedia (Praktischer Journalismus) (2. Aufl.), Herbert von Harlem Verlag

Jauch, M., (2010). Crossmedia: Möglichkeiten der Weiterentwicklung eines Tageszeitungsverlags (1.Aufl.), Diplomica Verlag

Koch, T., (2009). Kann Print das Internet wirklich überleben? (1Aufl.), Focus Magazin Verlag

Köhler, A. u. Otto, K., (2018). Crossmedialität in Journalismus und Unternehmenskommunikation (1.Aufl.), Springer Verlag

Kühner, A. u. Sturm, T., (2001). Das Medien Lexikon (2.Aufl.), Mi Wirtschaftsbuch

Merten, K., (2005). Einführung in die Kommunikationswissenschaften (5.Aufl.), LIT Verlag

Meyer, K., (2005). Crossmediale Kooperation von Print und Onlineredaktionen bei Tageszeitungen in Deutschland (1.Aufl.), Herbert Utz Verlag

Müller, K., (2015). Frauenzeitschriften aus der Sicht ihrer Lesering (1.Aufl.), Critical Media Studios

Neumann, E. u. Schulz, W., (1971). Publizistik (1.Aufl.), Fischer Verlag

Rautenberg, K., (2015). Medienwandel durch Crossmedia (1.Aufl.), Halem Verlag

Riedel, F., (2012). Verkaufte Präsenz (1.Aufl.), Independently published

Schmitz, U., (2009). Von Print zu Online – ein vorgezeichneter Weg? (1.Aufl.), Focus Magazin Verlag

Spandl, T., (2018). Direktmarketing mit Printmedien (1.Aufl.), Springer Verlag

Wilhelm- Fischer, H., (2008). Warum lesen Menschen Publikumszeitschriften? (1.Aufl.), LIT Verlag

Wyngaarden, E., (2018). Digitale Formatentwicklung: Nutzerorientierte Medien für die vernetzte Welt (1.Aufl.), Herbert von Halem Verlag

Internetquellen

Bild (2019). Bild Homepage; URL https://www.bild.de/ (23.12.19)

Deutschlandfunk (2015). Neuland durch crossmediale Veränderung; URL https://www.deutschlandfunk.de/journalismus-im-wandel-neuland-durch-crossmediale.761.de.html?dram:article_id=311664 (19.12.19)

Deutschlandfunkkultur (2018). Nach wie vor ein rückständiges Frauenbild; URL https://www.deutschlandfunkkultur.de/journalistin-silke-burmester-ueber-frauen-magazine-nach-wie.1008.de.html?dram:article_id=428380 (01.01.20)

IVW (2019). Informationsgemeinschaft zur Feststellung der Verbreitung von Werbeträgern; URL http://www.ivw.eu/aw/print/qa/titel/1090?quartal%5B20193%5D=20193&quartal%5B19984%5D=19984 (26.12.19)

Historicum Estudies (2015). Fachzeitschriften; URL http://www.historicum-estudies.net/etutorials/tutorium-recherche/literatur-suchen/literaturrecherche/fachzeitschriften/ (03.01.20)

Marketinginstitut (2018). Crossmedia Marketing – Warum ein Kommunikationskanal nicht mehr ausreicht; URL https://www.marketinginstitut.biz/blog/crossmedia-marketing/ (19.12.19)

Medien Hamburg (2006). Wachstum kommt aus dem besonderen; URL http://www.medien.hamburg.de/druckansicht.do?ctype=article&cid=5287854 (01.01.20)

Medium Magazin (2011). Crossmediales Arbeiten; URL https://www.mediummagazin.de/crossmediales-arbeiten/ (28.12.19)

Prinovis (o.J.). Einsatz und Bedeutung von Printmedien; URL https://www.prinovis.com/fileadmin/content/x6_Service/x2_Broschueren/ECC_Whitepaper_Printmedien_Juli-2013.pdf (16.12.19)

Ryte (2014). Crossmedia; URL https://de.ryte.com/wiki/Crossmedia (28.12.19)

SEO-Analyse (o.J.). Crossmedial Begriffserklärung; URL https://www.seo-analyse.com/seo-lexikon/c/crossmedial/ (21.12.19)

Statista (2018). Beliebteste Frauenzeitschriften; URL https://de.statista.com/themen/3439/mode-und-frauenzeitschriften/ (01.01.20)

Tagesspiegel (2016). Für jeden Typ ein Titel; URL https://www.tagesspiegel.de/gesellschaft/medien/frauenzeitschriften-im-wandel-fuer-jeden-typ-ein-titel/13385320.html (29.12.19)

Volontariat (o.J.). Crossmedialer Journalismus; URL http://www.volontariat.onl/crossmedialer-journalismus/ (19.12.19)

WUV (2018). Paint Content läuft bei Bild; URL https://www.wuv.de/medien/paid_content_laeuft_bei_bild_und_welt (26.12.19)

Xovi (2019). Was ist Crossmedia; URL https://www.xovi.de/was-ist-crossmedia/ (16.12.2019)

Zeitjung (o.J.). Frauenzeitschriften: Das Klischee im Regal; URL https://www.zeitjung.de/frauenzeitschriften-magazin-klischee-im-regal-abrechnung/ (03.01.20)

BEI GRIN MACHT SICH IHR WISSEN BEZAHLT

- Wir veröffentlichen Ihre Hausarbeit,
  Bachelor- und Masterarbeit

- Ihr eigenes eBook und Buch -
  weltweit in allen wichtigen Shops

- Verdienen Sie an jedem Verkauf

Jetzt bei www.GRIN.com hochladen und kostenlos publizieren